AF245760

M. LE PLAY

SON SYSTÈME RÉFORMISTE ; SES OUVRAGES

L'UNION DE LA PAIX SOCIALE

LE CONCOURS QUI LUI EST DU

PAR

LE COMTE H. AYMER DE LA CHEVALERIE.

—

Prix : 30 centimes.

—

PARIS

E. DENTU, LIBRAIRE-ÉDITEUR

PALAIS-ROYAL, 17 ET 19, GALERIES D'ORLÉANS

POITIERS

IMPRIMERIE DE H. OUDIN FRÈRES

4 rue de l'Éperon, 4.

1877

M. LE PLAY

SON SYSTÈME RÉFORMISTE. — SES OUVRAGES
L'UNION DE LA PAIX SOCIALE
LE CONCOURS QUI LUI EST DU (1)

I.

M. LE PLAY ET SES OUVRAGES.

Au commencement du siècle dernier, le monde civilisé nous offrait, malgré quelques déviations très-apparentes, un grand et beau spectacle : la société française était encore solidement établie sur ses bases ; l'autorité, sous toutes ses formes, s'y conservait honorée et respectée ; les traditions de la foi et des croyances ranimaient le cœur du peuple ; la nation gardait le sentiment de son élévation et de ses destinées ; fière de sa prospérité, elle observait religieusement les vertus morales, causes de sa grandeur. Un jour vint où l'on se fatigua de tant d'honneur et de gloire.

« Une fureur de destruction, telle qu'il ne s'en est jamais vu dans l'histoire, s'empara d'une classe d'hommes. Pour eux, il s'agissait de démolir pièce par pièce, de jeter bas ce merveilleux édifice de la civilisation chrétienne, auquel avaient travaillé, depuis tant de siècles, dans un commun effort, les rois et les peuples, les évêques et les papes. Ce qu'avaient fait en France les Charlemagne et les saint Louis ; en Espagne, les Alphonse

---

et les Ferdinand ; en Angleterre, les Edmond et les Edouard ; en Allêmagne, les Venceslas et les Sigismond, les Etienne et les Henry ; tout ce travail des sages, des hommes de génie, des héros, des saints, ne parut aux novateurs qu'une œuvre bonne à détruire sans qu'il en restât ni trace, ni vestige [1]. »

Semblable à un poison vénéneux qui, introduit dans le corps humain par la piqûre d'un serpent, parcourt promptement tout l'organisme, les idées révolutionnaires, sous une action continue, envahirent la nation entière. Pénétrez dans les milieux les plus élevés comme dans les plus humbles, dans la demeure des grands et dans celle du pauvre, dans l'atelier, dans l'usine, dans la commune, dans l'Etat ; étudiez les lois, parcourez les constitutions, partout vous trouverez le souffle corrupteur de la Révolution, et si vous voulez vous rendre compte des maux qu'elle traîne à sa suite, regardez notre France d'aujourd'hui qui, énervée par des secousses successives et des guerres désastreuses, porte le deuil de son territoire dévasté, de ses provinces perdues, de son influence amoindrie, de son antique gloire humiliée : c'est un effondrement général, et la catastrophe est menaçante ! Cependant, malgré tous ces signes destructeurs, on reprend courage et espoir en voyant dans cette société même qui, oublieuse, hélas ! du péril, s'étourdit dans le luxe et le plaisir, des hommes laborieux, dévoués, vivant dans la retraite, garder précieusement le dépôt des sciences morales et sociales.

M. Le Play est un de ces hommes. A son appel, à son cri de détresse, arraché à la raison par nos malheurs, répond toute une école groupée autour de cet illustre maître. Chaque jour, recruté dans les rangs les plus élevés, le nombre de ses

1. Discours de Mgr Freppel, *Association cath.*, t. 1, n° 5 (bis), p. 805.

disciples augmente, et acquiert, par ses travaux, une plus grande autorité Tandis que les passions mauvaises des prétendus lettrés qui excitent et corrompent les masses ne connaissent plus de frein, le mouvement généreux de ces esprits d'élite nous ranime et nous fortifie.

M. Le Play lui-même nous raconte les motifs qui l'ont poussé à entreprendre cette importante étude :

« En quittant les écoles, après la Révolution de 1830, je me trouvai au milieu du mouvement qui portait les esprits vers l'étude des questions sociales ; je remarquai surtout l'ardeur avec laquelle plusieurs condisciples propagèrent alors la doctrine du saint-simonisme, qui dut à leur mérite personnel une certaine célébrité. Ne pouvant ni partager les convictions de mes amis, ni démontrer l'erreur dans laquelle ils s'engageaient, je compris qu'en matière de science sociale, les écoles n'offraient aucune méthode qui aidât à distinguer le vrai d'avec le faux, et suppléât à l'inexpérience de la jeunesse. Sentant mon impuissance et ne trouvant aucune direction auprès de nos maîtres, je m'appliquai avec ardeur à chercher dans cet ordre de connaissances des moyens de certitude [1]. »

En 1848, la Révolution était, sur tous les points, victorieuse ; beaucoup d'esprits modérés l'acceptaient sans trop de répugnance. Alors surgit une nuée de soi-disant réformateurs, imbus des doctrines du jour. Dans leurs ambitieuses et sottes prétentions, ils songent à refaire le pays, et pour atteindre leur but inventent péniblement des systèmes nouveaux. M. Le Play, appliqué depuis longtemps à la méditation des sciences morales, ne reste pas indifférent au danger vers lequel ces funestes théories entraînent ses contemporains. Il croit connaître le remède ; mais pour arriver à le faire accepter, il sent la nécessité d'étudier encore, afin

1. *Réforme sociale*, t. 1, § 7, page 61

d'appuyer son système sur des preuves irrécusables. Aussitôt, infatigable voyageur, après avoir parcouru déjà le Danemark, la Suède, la Norvége, la Moravie, la Corinthie, le Tyrol, la Hongrie, la Turquie, visité deux fois l'Espagne, trois fois l'Italie, trois fois la Russie, six fois l'Angleterre, bien des fois l'Allemagne, il repart, voyage encore pendant quinze ans, non pour acquérir gloire et argent, mais pour compléter des études qu'il veut rendre utiles à sa patrie. Enfin, le résultat de ses observations a confirmé son système; toutes les preuves sont entre ses mains; résolûment il se met à l'œuvre, il raconte avec netteté et simplicité ses travaux et ses recherches; tout ce qu'il avance est accompagné de preuves résultant de sa méthode d'observation. Mais je reviendrai sur se point.

M. Le Play publia en 1855 « *Les Ouvriers européens*, études sur les travaux, la vie domestique et la condition morale des populations ouvrières de l'Europe. » Cet ouvrage, sorti des presses de l'imprimerie nationale, fut couronné par l'Académie des sciences. Plus tard, aidé de quelques collaborateurs, il fait paraître ses fameuses « *Monographies*, études sur la condition morale et matérielle de trente-six familles d'ouvriers appartenant à diverses contrées de l'Europe ». En 1864, nous voyons sortir de cette plume habile une œuvre vraiment capitale, *la Réforme sociale en France*, déduite de l'observation comparée des peuples européens. En 1870 il écrit « *l'Organisation du travail*, selon la coutume des ateliers et la loi du Décalogue », l'un de ses plus lumineux ouvrages. En 1871 il publie « *Organisation de la famille* selon le vrai modèle signalé par l'histoire de toutes les races et de tous les temps ». Après nos désastres de la guerre et de la Commune, il fait paraître une brochure intitulée « *La paix sociale*, selon la pratique des autorités soumises au Décalogue et à la coutume, soutenues par le respect et l'affection; réponse aux questions qui se posent en Occident depuis les désastres de 1871 ». En 1875, avec la collaboration de M. Delaire, il publie « *la Constitution de l'Angleterre* considérée dans ses rapports avec la loi de Dieu et les coutumes de la paix sociale ».

Enfin, il y a peu de jours (octobre 1876), nous voyions paraître « *La Réforme en Europe et le salut en France* (le Programme des unions de la paix sociale) avec introduction de M. Munro Butler Johnston, membre de la Chambre des Communes d'Angleterre », ouvrage dont je donnerai une analyse spéciale après avoir envisagé d'une manière générale les œuvres du savant auteur.

Loin de moi la prétention de résumer ces divers écrits. Les études de M. Le Play sont au nombre de celles qui ne s'analysent pas ; il faut les lire, et les lire comme l'a fait Montalembert.

« Sachez, écrit-il à un ami, que je suis depuis plus d'un mois en communication intime avec Le Play. En revenant de mon voyage en Espagne, je me mis à relire la *Réforme sociale*... Je m'en imbibe goutte à goutte, à raison de quatre pages par jour ; je suis arrivé ainsi à la fin du premier volume où j'ose croire que rien ne m'a échappé, et cette lecture achevée, je n'hésite pas à dire que Le Play a fait le livre le plus original, le plus utile, le plus courageux, et, sous tous les rapports, le plus fort de ce siècle..... C'est par la noble indépendance de son esprit et de son cœur, qu'il sera vraiment grand dans l'histoire intellectuelle du dix-neuvième siècle. »

Si, après cet éloge, j'entends Sainte-Beuve, ce grand et vif critique, appeler M. Le Play « un Bonald rajeuni, progressif et scientifique », et ajouter en parlant de ses ouvrages « qu'il ne sait pas de plus belle page à méditer », je dois en conclure que les hommes des partis les plus opposés se rencontrent pour louer l'entreprise de ce courageux réformateur.

A l'étranger, et notamment en Angleterre, les esprits qui se sont occupés des œuvres de ce savant ont vu en lui un autre Montesquieu, venant leur expliquer à nouveau le sens de leurs institutions politiques, mais un Montesquieu plus complet, parce qu'il a su se détacher des erreurs de son siècle, et bien plus, réagir contre elles.

Ce qui a particulièrement excité l'attention, c'est la perspicacité dont il a fait preuve, en indiquant si clairement la plupart des plaies et des faiblesses de son pays qui ont amené les catastrophes désastreuses de 1871, et de l'avoir fait dans un temps de prospérité où personne ne songeait au danger.

Instruit par l'expérience et par des études comparatives, cet observateur profond, sans parti-pris, et sans respect humain, inspiré seulement par l'amour de son pays, a fait entendre sa voix pour avertir la France de sa fin prochaine, si elle ne revenait pas aux saines coutumes et aux traditions de ses pères.

Nullement préoccupé des intérêts qu'il froisse, des mécontentements qu'il inspire, rien ne l'arrête ; il formule sans hésiter des conclusions en désaccord avec des opinions acceptées, avec des idées enracinées ; dénonce le danger là où il le voit, sans autre préoccupation que de le conjurer et sans ménagement pour les erreurs accréditées : aussi blesse-t-il beaucoup de préjugés : préjugés sociaux, préjugés politiques, préjugés religieux.

Quelque solides que soient les bases de ce grand ouvrage, malgré la sûreté de la méthode et des preuves avancées, malgré les raisonnements puissants, faut-il admettre que toutes les vues, toutes les conclusions doivent être acceptées sans examen ? Non, certainement non : M. Le Play le reconnaît lui-même, lorsque pour ajouter à ses lumières il fait appel à tous les hommes de bonne foi, dévoués à la réforme de la société :

« Je les prie de me signaler les lacunes ou les erreurs qu'ils pourraient remarquer dans ce livre. Comme je l'ai toujours fait, je m'empresserai, après vérification, de porter les remarques utiles à la connaissance du public, et je mentionnerai le nom de l'auteur, quand j'aurai reçu à ce sujet une autorisation expresse[1]. »

Ces longs et minutieux travaux, ces voyages de 1829 à 1853, c'est-à-dire pendant vingt-quatre ans, ces notions précises réunies par lui et passées au creuset de son vigoureux esprit ; cette grande modestie dont il fait preuve en cherchant à s'éclairer par l'expérience de chacun, doivent nous inspirer confiance en cet homme chez lequel, nous dit Sainte-Beuve :

« La conscience en tout est un besoin de première nécessité. »

II.

MÉTHODE DE M. LE PLAY.

Pour arriver à établir les lois de l'ordre moral, on peut suivre deux méthodes fort différentes.

La première consiste à chercher le vrai *a priori* dans l'étude de la philosophie qui, éclairée par la révélation, nous fait connaître les droits que donnent à l'homme et les devoirs que lui imposent son origine et sa fin. Cette méthode est dite *« de déduction »*. En effet, les principes étant parfaitement établis, nous en faisons dériver les lois ; la nature de l'homme étant connue, nous en déduisons les rapports nécessaires qui constituent les lois sociales.

La seconde est « *la méthode d'observation et d'induction* ». Des faits établis par l'observation l'induction tire les lois propres à régler les rapports sociaux.

Ces deux manières de procéder partant d'un point de vue différent, arrivent aux mêmes

1. La *Paix sociale*. Avertissement de 1871.

conclusions. Si elles sont logiquement appliquées, elles s'étayent alors réciproquement.

Ainsi, le P. Ramière nous montre que *l'induction expérimentale* fournit à la *déduction a priori* un précieux contrôle.

« Les lois sociales n'ont pas, en effet, d'autre but que d'établir et maintenir l'ordre dans la société. Donc, l'ordre établi et maintenu sera l'indice constant et infaillible du règne de ces lois, comme le désordre sera la conséquence nécessaire et la preuve manifeste de leur violation. On pourra donc arriver, par l'observation des faits, à constater les lois avec autant de certitude, sinon avec la même évidence, que par l'étude approfondie des principes. Lorsque des preuves multipliées auront permis de discerner les résultats constants des effets passagers nés d'influences accidentelles, lorsqu'on aura vu l'ordre, l'harmonie, le bien-être partout et toujours produits par tel genre de rapports, et troublés par des rapports contraires, on sera en présence de véritables lois sociales, et pour en trouver la raison *a priori*, il suffira de bien étudier la nature de l'homme et de la société[1] ».

M. Le Play nous apprend lui-même laquelle de ces méthodes il a adoptée :

« Dans le gouvernement des hommes, dit-il, comme dans l'étude du monde physique, on arrive au vrai par l'emploi simultané de l'observation et du raisonnement[2] ».

Ce moyen de découvrir la vérité n'est pas toujours infaillible, même quand il est pratiqué d'une façon consciencieuse ; son grand avantage est de pouvoir corriger, par une observation nouvelle, les fausses conclusions fondées sur une première expérience.

Là encore, M. Le Play n'a pas été sans rencontrer

1. Père Ramière (S. J.), *École de la Réforme sociale*, première partie, page 15.
2. *Réforme sociale*, t. 1, § 7, p. 59.

bien des difficultés. Il les a surmontées, grâce à son admirable persévérance et à sa prodigieuse pénétration.

« Il ne suffit pas dans les sciences d'observation d'employer une bonne méthode, il faut encore bien l'appliquer... Or, on peut mal observer et surtout mal conclure, sous l'influence des préjugés ou de l'ignorance ; et j'ai souvent donné contre ces écueils dans les quinze premières années de mes études ; mais j'en ai été aussitôt averti par la critique des autorités que j'ai prises pour arbitres. Je me suis efforcé de rectifier peu à peu mes erreurs en multipliant mes observations [1] »..

De Maistre et Bonald ont, dans leurs écrits, protesté contre l'erreur et prédit les dangers actuels ; M. Le Play nous fait toucher du doigt les causes de nos maux et nous enseigne les remèdes. Son langage, apprécié et admiré par ceux que les divines leçons de la Foi ont déjà instruits, aura une force puissante pour détacher de la Révolution et de l'impiété les hommes dont l'esprit ne peut encore porter la vérité venant d'en haut, car ce langage est bien celui d'un observateur sérieux qui révèle les sévères leçons de l'expérience.

III.

APPLICATION DE LA MÉTHODE DE M. LE PLAY.

Nous venons de faire connaître la méthode de M. Le Play : nous allons dire avec quelle admirable bonne foi il l'a appliquée. De nombreuses difficultés se sont dressées devant lui. Vivant à une époque imbue d'idées fausses et erronées, il lui a fallu un grand courage et une énergie remarquables, pour faire abstraction de ses opinions et

---

1. *Réforme sociale*, t. 1, § 8, page 87.

chercher la vérité, non pas là où il *voulait* la trouver, comme le font la plupart des hommes, mais bien là où il *pouvait* la découvrir, et pour l'accepter san arrière-pensée, lorsqu'il l'avait enfin saisie. L'application qu'il a faite de sa méthode d'observation n'est pas moins remarquable que la méthode elle-même.

« Depuis 1833, dit-il, j'ai poursuivi l'exécution de mon programme, en partageant également mon temps entre la France, but principal de mon entreprise, et les pays étrangers. Et comme mon point de vue se modifiait progressivement par l'observation, j'ai dû vérifier souvent les mêmes faits. C'est ainsi que j'ai revu, au moins à trois reprises, chaque contrée de l'Europe et les régions contiguës de l'Asie [1]. »

Et plus loin :

« Je compris que je ne me rendrais un compte exact des institutions de la France qu'en les rapprochant de celles des pays étrangers, et que, pour embrasser des termes de comparaison suffisants, je devais étendre mes observations à l'ensemble des nations européennes. J'admis enfin, comme règle de mes études, que je devais demander l'exemple du bien, aux peuples libres et prospères, placés au premier rang par l'opinion [2]. »

Comment M. Le Play a-t-il accompli ce grand travail d'exploration ? car il ne suffit pas d'examiner et d'étudier, il faut savoir ce qu'il convient d'examiner et d'étudier. Or, pour atteindre son but, le savant observateur a su trouver dans chaque pays des hommes capables de l'aider dans ses recherches, des hommes assez haut placés, non par leurs fonctions publiques, mais par leur situation, leur valeur personnelle, pour imprimer autour d'eux un mouvement salutaire et mériter, à ce titre, le nom d'*autorités sociales*, sous lequel il les désigne.

---

1. *Réforme sociale*, t. 1, § 7, page 65.
2. *Réforme sociale*, t. 1, § 7, page 18.

« Ceux qui ont la richesse, le talent et la vertu...,
ceux qui, par leur ascendant personnel, contre-
balancent l'action corruptrice des gouvernants et
des riches oisifs, ces hommes, dit M. Le Play, ont
tout droit d'être nommés excellemment « *les
autorités sociales*... » Ces autorités se reconnais-
sent en tous lieux aux mêmes caractères. Elles
gardent religieusement la coutume des ancêtres
pour la transmettre aux descendants; elles sont
unies à leurs ouvriers par les liens de l'affection et
du respect. Dans toutes les contrées et dans toutes
professions, elles n'ont pas seulement la même
pratique, elles résolvent de la même manière les
questions de principe, qui donnent lieu de nos
jours à des discussions sans fin, et cet accord même est le plus sûr *criterium* de la vérité. Après
avoir résisté mieux que le reste de la nation à la
corruption propagée aux mauvaises époques par
les gouvernants, elles sont, aux époques de réforme, les meilleures auxiliaires de ces derniers...
Partout, au surplus, elles sont signalées au voyageur par l'estime et la reconnaissance des populations. Les autorités sociales ne se rencontrent
pas seulement dans la grande industrie, c'est-à-
dire, dans les ateliers desservis par de nombreux
ouvriers, elles se trouvent également à la tête de
petits établissements à familles souches, où l'atelier se confond avec le foyer... Celles qui dirigent
les petits ateliers conservent les vieilles traditions de vertu et de frugalité, tandis que les autorités placées plus haut dans la hiérarchie sociale gardent plus spécialement, avec les sentiments d'honneur, les plus brillantes qualités de
la race. Elles seront, les unes et les autres, les
auxiliaires de la vraie réforme, si celle-ci ne se
fait pas trop attendre [1]. »

Cette idée des autorités sociales qui est une
des conceptions les plus merveilleuses dues à

1. *Organisation du Travail*, § 5, page 18.

M. Le Play, lui permet de puiser la vérité à des sources certaines. Il a compris la nécessité d'entrer lui-même dans l'intérieur des familles, de les étudier de près et de les comparer les unes aux autres.

« Je me suis imposé l'obligation d'étudier moi-même, dans toutes les régions de l'Europe, plus de trois cents familles appartenant aux classes les plus nombreuses de la population. J'ai consacré au moins une semaine, souvent un mois entier à faire la monographie de chacune d'elles ; j'ai voulu surtout connaître dans ses détails la vie matérielle, intellectuelle et morale d'une famille type des principales races européennes, et les rapports de toutes sortes qui l'unissent aux classes supérieures de la société [1]. »

Voyons-le pénétrer encore dans l'atelier, dans l'usine :

« Je me suis attaché à étudier l'organisation commerciale des exploitations ; la situation des ouvriers, ainsi que les rapports variés qui les unissent à leurs patrons ; de nombreuses missions données sur la demande de gouvernements étrangers, m'ont fourni l'occasion de voir de près les organisations sociales les plus curieuses, et même de diriger personnellement de grandes entreprises, de concert avec des administrateurs formés au milieu de civilisations fort diverses [2]. »

M. Le Play ne néglige pas de se renseigner auprès des hommes politiques :

« J'ai profité de mes missions et de mes voyages, pour me lier avec des personnes exerçant des fonctions politiques et administratives, et j'ai toujours cherché l'occasion de connaître leurs opinions ou d'observer leur pratique en matière de science sociale [3]. »

---

1. Réf. sociale, t. 1, § 7, page 66.
2. Réf. sociale, t. 1, § 7, page 66.
3. Réf. sociale, t. 1, § 7, page 66.

Enfin, les étrangers qui viennent à Paris, et les Expositions universelles de France et d'Angleterre lui sont d'un grand secours.

« Les étrangers qui affluent à Paris m'ont fourni les moyens de compléter mes études. Chargé, en outre, d'organiser, sous la direction de S. A. I. le prince Napoléon, les expositions universelles de 1855 et de 1867, à Paris, ainsi que la section française de l'Exposition de 1862, à Londres, j'ai pu étendre mes observations en ce qui concerne les opinions et les mœurs des classes aisées, aux parties du monde que je n'avais pas personnellement visitées [1]. »

On doit comprendre maintenant la direction que l'éminent penseur a donnée à ses études et par quelle voie il est arrivé aux conclusions pratiques qu'il formule dans ses écrits.

IV

RÉSULTAT DES OBSERVATIONS DE M. LE PLAY ET BASES DE SA RÉFORME.

M. Le Play applique sa méthode à l'étude de tous les peuples, de toutes les institutions. Nous l'avons suivies dans ce gigantesque travail avec une grande et naturelle admiration. Que rapporte-t-il de ses recherches ? Quels sont, par rapport au but proposé, les résultats de cette enquête universelle ?

Après avoir fouillé dans la vie intime et publique des nations, scruté les opinions d'un grand nombre d'hommes pris dans tous les rangs de la société, désignés par lui sous le nom d'*autorités sociales*, M. Le Play proclame que le résultat de ses études et de son expérience est cette con-

1. *Réforme sociale*, t. 1, § 7, page 67.

clusion si simple et si conforme au vrai, que le Décalogue, complété par la sublime interprétation qu'en a donnée Jésus-Christ, fait jouir « au plus haut degré du bien-être, de la stabilité et de l'harmonie » les peuples qui en observent les commandements ; et il ajoute « que notre nationalité périra, si une prompte réforme ne nous ramène à la tradition nationale et à la pratique actuelle des peuples libres et prospères » : aussi, persuadé « que la coutume, comme le Décalogue, est partout applicable », s'est-il empressé de les prendre pour bases de sa Réforme.

Tout en présentant la législation de Moïse comme la pierre fondamentale de son édifice social, M. Le Play ne s'éloigne pas de la tolérance religieuse qu'il réclame : il considère cette législation, abstraction faite de tout culte, comme le plus complet et le plus sublime enseignement de la loi morale naturelle. Proudhon partage cette admiration pour le Décalogue. Après l'avoir analysé dans un de ses ouvrages, et l'avoir ramené à sept groupes de vertus et de devoirs, il s'écrie :

« Quel magnifique symbole ! Quel philosophe, quel législateur, que celui qui a établi de pareilles catégories et qui a su remplir ce cadre ! Cherchez dans tous les devoirs de l'homme et du citoyen quelque chose qui ne se ramène point à cela : vous ne le trouverez point. Au contraire, si vous me montrez quelque part un seul précepte, une seule obligation irréductible à cette mesure, d'avance, je suis fondé à déclarer cette obligation, ce précepte, hors de la conscience et par conséquent arbitraire, injuste, immoral [1]. »

Diderot pensait de même :

« Il ne faut pas, dit-il, glisser légèrement sur les lois de Moïse : c'est un chef-d'œuvre d'éco-

---

1. *De l'utilité de la célébration du dimanche.* Proudhon.

nomie politique dont les plus fameux législateurs n'ont pas approché [1]. »

L'opinion d'un illustre prélat touchant les principes de la morale et de la politique, inscrits aux tables du Sinaï, sera pour nous un témoignage irrécusable de la haute influence que ces préceptes exercent sur la vie des peuples :

« Dieu n'a permis les menaces du communisme... que pour nous obliger à nous serrer dans sa sainte Église, autour du Décalogue éternel, sans lequel il n'y a plus ni autorité, ni respect, ni loi, ni famille, ni propriété, ni raison, ni droit, ni devoir, ni société humaine, ni humanité sur la terre [2]. »

Notre savant considère le Décalogue comme le résumé de la loi religieuse et sociale, et proclame hautement, dans tous ses écrits, l'action moralisatrice exercée, à toutes les époques, par la religion :

« Les rares populations qui, de nos jours, restent étrangères au sentiment religieux, sont tombées dans une barbarie abjecte, où l'on n'aperçoit même plus l'ordre que l'instinct produit chez les animaux. Au contraire, les peuples dont la supériorité est reconnue par l'opinion publique, sont également ceux chez lesquels la religion est le plus honoré [3]. »

C'est le sentiment universel partagé par Voltaire, Rousseau et tous les philosophes eux-mêmes. Bossuet affirme que la religion donnait aux peuples quelque chose de ferme et d'inviolable, et que ses principes, appliqués même à l'idolâtrie ou à l'erreur, ont suffi, dans tous les temps, pour établir une constitution stable d'Etat et de gouvernement.

---

1. *De l'éducation publique* (cité par La Harpe, cours de littérature), éd. de l'an XIII, t. XVI, p. 157.
2. Mgr Dupanloup, Lettre pastorale du 20 octobre 1873.
3. *Réforme sociale*, t. 1, § 9, page 100.

Quant à l'impérieuse nécessité de revenir aux traditions nationales, la doctrine de M. Le Play est celle de tous les grands esprits. Ils ont, eux aussi, prêché à leur nation, par la parole ou par des écrits, la réforme des mœurs et un prompt retour aux coutumes.

D'après Socrate, il fallait, « pour rétablir Athènes dans sa grandeur passée, qu'elle revînt aux mœurs de ses ancêtres ». Horace suppliait les Romains de refaire leur société et d'imiter l'exemple de leurs pères. — Montesquieu n'est pas moins explicite : « Rappeler les hommes aux maximes anciennes, c'est ordinairement les rappeler à la vertu [1]. »

L'histoire est là pour nous prouver à quel point la scrupuleuse observance des usages antiques a influé sur la destinée des peuples et les a maintenus puissants. Il suffit d'en ouvrir les premières pages pour y voir que les âges de leur grandeur étaient ceux de leur fidélité à ces préceptes.

Bossuet nous parle des rois de Perse, qui avaient toujours auprès d'eux de « sages conseillers, instruits des lois et des maximes anciennes. De là, les registres de ces rois et les annales des siècles passés qu'Assuérus se faisait apporter pendant la nuit, quand il ne pouvait dormir. Toutes les anciennes monarchies, celle des Egyptiens, celle des Hébreux tenaient de pareils registres. Les Romains les ont imités. Tous les peuples enfin qui ont voulu avoir des conseils suivis, ont marqué soigneusement les choses passées pour les consulter dans le besoin [2]. »

Le maintien des pratiques de nos pères se transmet chez les peuples par les vieillards, ce qui a donné naissance au culte des vieillards. Ce sont eux, en effet, qui, par leur expérience,

1. *Esprit des lois.* Livre V, ch. 7.
2. Bossuet. *Politique tirée de l'Écriture sainte.* L. V, art. 2, proposition 7.

leurs avis et leur grande raison, inculquent aux nouvelles générations le respect des coutumes. Sur leur lit de mort, ils lèguent à leurs enfants ce précieux dépôt, leur recommandant de le garder religieusement pour le transmettre sans altération à leurs descendants. Chez les peuples en décadence, la vieillesse n'est plus honorée ; on l'écarte des fonctions publiques, on la considère comme incapable. Cicéron (Traité de Senectute) la venge de ces accusations, montre combien elle possède les qualités requises pour administrer la chose publique, et, sous une forme charmante, rend une pensée profonde, en accordant aux anciens plus de connaissance de la vérité qu'à nous, parce qu'ils sont plus près de son origine.

Nous venons d'apprécier l'importance de la tradition ; cherchons pourquoi de nos jours on l'abandonne, et j'ose dire on la méprise. Ne faut-il pas en voir la cause dans ce luxe insensé et corrupteur qui atteint toutes les classes ; dans cette prospérité matérielle, dont l'éclat nous éblouit et nous cache, sous une fausse apparence, les périls de notre organisation sociale ? Dans l'orgueil et l'égoïsme qui développent chez les hommes l'amour d'eux-mêmes, les poussent à dénigrer d'une façon systématique les institutions des siècles précédents et les constitutions des autres peuples, pour reporter toute leur admiration sur celles qui fonctionnent dans leur pays ? La faute ne peut-elle pas tomber aussi sur nos lettrés contemporains qui, par leurs théories impies et révolutionnaires, dénaturent l'histoire, l'interprètent à leur gré, bafouent les glorieuses institutions de nos ancêtres ; tout cela pour servir leurs rancunes politiques et développer dans les masses l'esprit de discorde ? Sur nos légistes qui, sans souci des mœurs et des intérêts nationaux, font plier nos coutumes et nos usages à l'arbitraire des lois au lieu d'imiter la sagesse de Solon, et, comme lui, d'adapter celles-ci à la nature des nations.

Consultons M. Le Play :

« Le luxe insensé qui se développe, depuis 1852, introduit dans l'ordre moral des éléments de désorganisation analogues à ceux qui se produisirent, il y a trois siècles, en Espagne, lors de la découverte de l'Amérique [1]. »

Au sujet de la prospérité matérielle, il ajoute :

« Les progrès de la richesse et de l'art, qui excitent surtout l'admiration, importent à la prospérité des peuples beaucoup moins que l'amélioration de l'ordre moral ; et quand ces progrès se produisent seuls, ils engendrent rapidement le mal [2]. »

« Le progrès matériel, en échange de beaucoup d'avantages, est habituellement une source de désordres [3]. »

Animé d'une semblable pensée, Horace s'écriait :

« Romains, portons au Capitole, ou jetons dans les mers voisines perles, diamants, or inutile, principes de tous nos maux [4]. »

« De notre temps, le danger vient surtout de l'orgueil sans bornes, nous dit M. Le Play, qui inspire deux sentiments incompatibles avec la conservation de la paix sociale : le mépris de l'ordre moral et de la coutume des ancêtres ; le désir de soumettre, par la violence, la société à des nouveautés qui ne sont pour la plupart que des chimères [5]. »

Et en parlant des lettres et des légistes :

1. *Réforme sociale*, t. 1, § 8, page 85.
2. *Organisation du travail*, § 10, page 55.
3. *Réforme sociale*, t. 1, § 8, page 8.
4. Vel nos in Capitolium
    Quo clamor vocat et turba faventium
    Vel nos in mare proximum
    Gemmas et lapides, aurum et inutile
    Summi materiam mali,
    Mittamus.   HORACE, I. III, ode XIV.
5. *Paix sociale*, introduction, p. 5.

« Les partisans de l'école révolutionnaire ont encore plus faussé les esprits ; ils ont attribué, comme caractère distinctif aux six siècles précédents, l'antagonisme social qui ne s'y produisait qu'à titre exceptionnel, et qui ne s'est réellement propagé que de notre temps [1]. » Malheureusement les légistes sont venus compromettre les résultats obtenus au moyen âge, soit en codifiant les coutumes et en leur enlevant par là l'élasticité qui est leur principal mérite, soit en les affaiblissant par l'importation des lois de la décadence romaine, soit enfin, en France surtout, en les détruisant par des lois révolutionnaires formellement hostiles à l'indépendance des familles [2]. »

Ouvrant l'Écriture sainte, cette source de toute vérité, j'y lis ces mots : « L'esprit de vertige possède les nations, leur chute est inévitable, lorsque les peuples ont violé les lois, changé le droit public et rompu les pactes les plus solennels [3]. »

Saint Jérôme, considérant le mal causé par les faux savants, s'écriait : « *Philosophus animal gloriœ !* »

Je ne crois pas utile d'insister sur la nécessité de recourir aux pratiques actuelles des peuples prospères : il est en effet naturel à une nation en décadence de se retourner vers celles qui sont puissantes, d'étudier leurs institutions, et, cet examen terminé, d'imiter leur exemple en réformant ce qu'elles ont réformé, en constituant ce qu'elles ont constitué, chaque chose, bien entendu, selon le caractère et le tempérament national. Ainsi Louis XI écrivait-il au baron du Bouchage :

« Vous savez bien le désir que j'ai de donner ordre au fait de la justice et de la police du royau-

---

1. *Réforme sociale*, t. 1, § 6, page 36.
2. *Réforme sociale*, t. 1, chap. II, § 18, page 236.
3. *Esth.*, XIV, 3.

me, et pour ce faire, il est besoin d'avoir la manière et les coutumes des autres pays. »

Mais où apprendrons-nous la vie des peuples ? Où étudier les causes de leur grandeur et de leur décadence, si ce n'est dans l'histoire ? Là encore, M. Le Play signale un écueil en dénonçant les fausses théories qu'elle propage comme une cause d'ignorance fort dangereuse, capable d'entraver la réforme d'une nation, et susceptible de développer l'antagonisme social :

« Plus j'étudie les faits contemporains ou les traces du passé, et plus je m'assure que nous nous méprenons dans les jugements que nous portons chaque jour sur les rapports sociaux dans les siècles précédents. S'il en est ainsi, quels désordres moraux et matériels ne doit pas provoquer une théorie d'histoire qui nous porte à mépriser nos traditions et à renier nos origines nationales [1] ! Il est temps de mettre fin à la méprise qui porte, chez nous, tant d'écrivains à glorifier tous les actes et toutes les tendances de la Révolution française en vue d'établir dans le monde l'ascendant de notre nation [2] »

— « Les histoires, dit Montesquieu, sont des faits « faux composés sur des faits vrais, ou bien à l'oc- « casion des vrais [3]. »

Augustin Thierry nous prouve combien souvent les historiens français donnent crédit à des documents erronés.

« J'étais fondé à dire que nos historiens modernes présentaient sous le jour le plus faux les événements du moyen âge... Il ne faut pas se dissimuler que, pour ce qui regarde la partie de l'histoire de France antérieure au dix-septième siècle, la conviction publique, si je puis m'exprimer ainsi, a besoin d'être renouvelée à fond. Les différentes opinions dont elle se compose sont

---

1. *Réforme sociale*, t. 1, § 6, page 41.
2. *Réforme sociale*, t. 1, § 6, page 67.
3. Montesquieu, *Pensées diverses*.

ou radicalement fausses, ou entachées de quelques faussetés [1]. »

Soyons donc prudents, ne formons pas à la légère nos jugements sur les temps passés, assurons-nous d'abord des sources où ont puisé nos auteurs.

M. Le Play, dans son travail, en nous indiquant avec précision les maux qui tourmentent la société, nous montre qu'ils se manifestent principalement par l'oubli du respect de Dieu, du respect du père et du respect de la femme, et à ces trois grandes causes de démoralisation, il oppose trois puissants remèdes :

1º Rétablir le respect de Dieu par les bons exemples, le concours des gouvernants, l'impulsion que donneront aux populations les hommes éminents ; enfin, par le dévouement des clercs et des laïques, « qui consacrent leur vie entière au service de Dieu, au bonheur de leurs semblables et à la recherche de la vérité » ;

2º Le respect du père, « en pratiquant dans l'ordre religieux le quatrième commandement ; en lui restituant, dans l'ordre civil, la liberté testamentaire », « complétée par une coutume *ab intestat*, tendant surtout à fonder la vie privée sur le travail et la vertu » ;

3º Le respect de la femme, « par la contrainte morale imposée par le sixième et le neuvième commandement, sanctionné par des lois civiles réprimant la séduction » en l'érigeant en délit.

Ainsi se reconstitueront la religion, la propriété et la famille, ces grandes assises de toute société. M. Le Play ne peut donc qu'être approuvé quand il prend le Décalogue et la coutume comme *bases* de sa Réforme.

1. Aug. Thierry, Lettres sur l'Histoire de France, préface, page 3.

V

RÉFUTATION DE QUELQUES ERREURS SUSCEPTIBLES D'ENTRAVER LA RÉFORME SOCIALE.

Plusieurs erreurs fort répandues contribuent puissamment à paralyser en France l'action de la Réforme. Je crois utile de les mentionner.

L'une d'elles établit une confusion entre les sciences physiques et morales, et prétend que les innovations pourraient apporter une grande amélioration dans l'ordre moral, comme elles l'ont procuré à l'ordre matériel. M. Le Play établit très-nettement la séparation qui existe entre les deux sciences :

« Le monde physique comprend une multitude d'éléments primordiaux qui se groupent selon des combinaisons nombreuses ; les combinaisons se modifient elles-mêmes à l'infini sous l'influence des forces vitales ; et tous ces phénomènes se produisent dans une étendue à laquelle l'imagination ne peut assimiler aucune limite. On ne saurait donc, dans cet ordre de faits, fixer de bornes, ni à l'observation, ni aux conséquences utiles qu'on en peut tirer. Les sciences morales, au contraire, n'ont, à vrai dire, qu'un seul objet, l'étude de l'âme et de ses rapports avec Dieu et avec l'humanité. Chacun peut donc trouver en lui-même ses moyens d'instruction, dans les sentiments qui se développent aux diverses époques de la vie. On comprend qu'un sujet aussi simple ne comporte qu'un petit nombre de vérités, dont la connaissance a pu être révélée dès l'origine de la civilisation à quelques esprits supérieurs [1]. »

Pour les sciences physiques, personne ne conteste l'importance des nouvelles découvertes : cel-

1. *Réforme sociale*, t. I, § 3, page 15.

les-ci développent le mouvement industriel, procurent le bien-être des populations, et élèvent le niveau intellectuel de la nation. Il n'en est pas de même des sciences morales. Pour régénérer la société, il faut moraliser les individus qui la composent. Or, toute loi destinée à les régir, s'appuyant sur des bases prises dans la nature même de l'homme, est immuable, et ne peut pas plus être modifiée par la fantaisie et le caprice des législateurs, que cette nature elle-même. Touchez à ces fondements : aussitôt l'édifice croule, l'ordre et l'harmonie disparaissent. Rétablissez dans leur première position ces solides assises, et vous verrez reparaître l'ordre et l'harmonie. — En ce qui touche à ce genre de vérités, l'innovation serait une subversion ; c'est pourquoi M. Le Play affirme « que malgré de persévérantes recherches, il n'a pu découvrir en Europe une société qui ait adopté et mis en pratique une seule des doctrines nouvelles, à l'aide desquelles on prétend réformer les mœurs [1], » « et qu'on s'épuise en stériles efforts, quand on cherche dans le changement de la doctrine le progrès qui doit surgir d'une meilleure pratique des vérités connues [2] ».

D'après la seconde erreur, les nations sont fatalement vouées au progrès ou à la décadence ; les unes sont jeunes, les autres vieillies. Le savant auteur de la *Réforme sociale* nous apprend à quel signe on les reconnaît :

« Les premières ont pour caractères principaux de fermes croyances religieuses, l'ascendant de la vieillesse et des autres autorités naturelles, la tempérance et la simplicité des mœurs, la force physique et le courage guerrier, la confiance dans l'avenir, et enfin la puissance d'expansion qui fait incessamment déborder la race par la conquête ou la colonisation, en dehors de la région où elle

---

1. *Réforme sociale*, t. 1, § 3, page 15.

s'est d'abord développée. Les secondes présentent les caractères opposés, et surtout l'indifférence religieuse, le mépris de la vieillesse et le relâchement des liens de la famille ; l'abus du luxe et de la richesse, le sentiment d'une décadence prochaine, la stérilité et l'affaiblissement physique de la race, manifestés par l'impuissance à peupler les colonies et à recruter les armées [1]. »

On dit souvent, dans le langage usuel, « qu'aucun peuple ne saurait *remonter le courant* de la civilisation ». L'histoire dément cette théorie. Parcourez la vie des peuples, vous y voyez des moments de grandeur qui augmentent chez eux l'amour des richesses et de l'oisiveté, et causent leur abaissement ; mais ils se relèvent en réformant leurs mœurs, et en restaurant leurs traditions nationales.

L'Angleterre, par exemple, à l'avénement d'Henry II. duc d'Anjou, établit sa domination sur cinq grandes provinces de la France ; bientôt, les fautes politiques de ses rois, des divisions nombreuses, plusieurs insurrections, la guerre de Cent-Ans, la lutte entre les Maisons d'York et de Lancastre amènent, avec la chute de la dynastie des Plantagenets, une période de décadence. Les Tudors font reparaître la gloire de la nation anglaise. Sous Jacques Ier et Charles Ier, plongée dans les guerres civiles et les dissensions religieuses, elle voit encore de tristes jours auxquels mettent un terme les règnes de Marie et d'Anne. Actuellement gouvernée par la Maison de Hanovre, cette puissance donne des signes évidents de prospérité; ses colonies sont nombreuses et habilement dirigées; sa hiérarchie est fondée sur la vertu, le talent et la richesse. Mais si on l'examine de près, on y découvre quelques symptômes de désordre social; le mal « se manifeste par deux aberrations qu'on pourrait nommer les faux dogmes de la science et du travail. Les prétendus savants... classent méthodiquement... l'homme avec les animaux ; ils ne voient en lui que l'être physique... Quant à l'être moral... il reste inaperçu de ces esprits prévenus ou inattentifs... » [1]. Les manufacturiers, imbus des idées d'Adam Smith, et sous l'influence de cette école, considèrent « que le travail est une simple marchandise, et qu'il n'existe plus aucun lien entre l'ouvrier et le patron, dès que, le travail étant fourni, le salaire est payé [2]. »

Regardons maintenant notre pauvre pays. Plus que tout autre, il a eu de longs jours de gloire.

Vivifiée par le christianisme qui, avec sa grande action moralisatrice, répare les maux causés par la corruption et l'envahissement des Romains, la France développe sa vie morale sous l'autorité de Clovis et de Charlemagne, pour arriver à l'apogée de sa gloire sous l'habile direction d'un de ses plus illustres rois, saint Louis. Peu à peu, perverti par des exemples scandaleux, des guerres intestines et des passions religieuses, notre pays, si puissant à l'époque de la féodalité, donna des signes évidents de décadence. Il fallut l'habile et sage politique d'Henri IV, la pureté de mœurs de Louis XIII, la grande expérience des affaires de Richelieu, pour lui rendre sa gloire et sa renommée. Louis XIV arrive, avec son gouvernement autoritaire, ses grandes qualités, ses grandes faiblesses ; le Régent et Louis XV avec leurs exemples scandaleux ; la noblesse avec son amour du luxe et du plaisir ; les lettrés surtout, personnifiés par Voltaire et Rousseau, avec leurs sophismes, leurs écrits révolutionnaires et antireligieux ; enfin, les légistes, avec l'amour du changement et l'ignorance des

1. *Constitution de l'Angleterre*, t. 2, livre XII, ch. 4, page 247.
2. *Constitution de l'Angleterre*, t. 2, livre XII, ch. 4, page 250.

intérêts des populations..., et tout cet enchaînement de faits et d'idées prépare peu à peu les esprits aux faux principes de 89, qui ont fatalement engendré la catastrophe de 93. Depuis, la France, épuisée par des révolutions successives et des guerres malheureuses, ballotée de tous côtés, sans pouvoir goûter un moment de repos, ne s'est pas encore relevée de ses ruines. Espérons que l'ère de la régénération ne se fera pas longtemps attendre.

Je pourrais montrer les mêmes revirements se produisant dans d'autres contrées.

Eh bien ! de quel argument se serviront les défenseurs des théories sur la destinée des nations pour combattre les preuves de l'histoire ? Parleront-ils de l'empire romain ? Mais je leur poserai cette simple question : Ce peuple a-t-il essayé de réagir contre le mal qui a emporté sa nationalité? Non. Au comble de la gloire et de la grandeur, cette puissance laissa tomber en désuétude les admirables Constitutions qui avaient établi sa domination sur le monde entier ; corrompue par le luxe, adonnée à l'oisiveté, elle est entraînée dans l'abîme. En vain ses grands hommes font-ils entendre la voix de leurs avertissements, elle ne sent rien et donne le spectacle de la plus complète décadence.

M. Le Play résume ainsi la réfutation de la deuxième erreur :

« Les peuples jouissent de leur libre arbitre. Ils ne sont fatalement voués ni au bien, ni au mal, et l'on ne saurait discerner, dans l'histoire d'aucun d'eux, une succession inévitable de jeunesse ou de progrès, de vieillesse ou de décadence. Quel que soit leur passé, ils restent maîtres de leur avenir. Ils peuvent toujours compter sur le succès, même après une longue période d'abaissement, s'ils reprennent la pratique des lois morales. Au contraire, leur prospérité prend fin, dès qu'ils laissent tomber ces lois en oubli [1]. »

_____

1. *Réforme sociale*, t. 1, § 4, page 28.

Une troisième erreur contribue à décourager l'esprit de réforme :

« Je veux parler de celle qui subordonne la destinée des peuples à l'organisation physique des races. »

Chaque nation, il est vrai, possède des qualités et des défauts à elle propres, dépendant du climat, du sol et de beaucoup d'autres influences. Mais de là à conclure qu'une nation ne peut réagir parce que le mal dont elle est dévorée est inhérent à sa nature, c'est une idée complétement erronée. L'expérience, du reste, montre la fausseté de cette opinion. Dans les familles, chez les enfants on voit souvent l'éducation modifier les caractères, porter vers le bien une nature mauvaise ; de même nous remarquons les brusques modifications que subissent les peuples sous l'influence de leurs gouvernants. Ainsi, tour à tour les Français ont été religieux ou sceptiques, humains ou tyranniques, libres ou opprimés, colonisateurs ou sédentaires, selon la direction qui leur était donnée. Leurs mœurs, leurs usages, leurs constitutions, ont été modifiés bien des fois. Ceci s'applique à toutes les nations du monde.

Aussi j'affirme, sans crainte d'être démenti, que tous les peuples se sont élevés en pratiquant la loi morale, et que l'oubli de ces principes *seul*, les a fait tomber.

Repoussons donc, avec M. Le Play, « la funeste doctrine qui nous ferait accepter l'erreur et le vice comme incarnés dans notre race. Comprenons que la grandeur de l'humanité consiste précisément en ce que les forces matérielles peuvent être subordonnées à des forces morales dominées elles-mêmes par notre volonté, que chaque peuple peut, en conséquence, trouver en lui-même les ressources nécessaires pour s'élever à la hauteur de ses rivaux. [1] »

1. *Réforme sociale*, t. 1, § 5, page 31.

Ces erreurs répandues dans la société ont une très-grande influence sur l'action de la réforme en France : il est donc indispensable de les faire à tout prix disparaître ; à cette condition seulement notre nation, si grande et si puissante autrefois, pourra reprendre sa situation dans les destinées de l'Europe. « A quelle hauteur la France ne sera-t-elle pas appelée le jour où elle se soustraira, par un généreux effort, aux vices et aux erreurs qui entravent depuis longtemps sa marche [1] »

VI.

L'UNION DE LA PAIX SOCIALE.

Après avoir étudié la *Réforme sociale* de M. Le Play, il me reste à parler de l'association qu'il a organisée pour répandre les idées de cette réforme. Ses grands travaux l'ont amené à conclure que le mal étant parti d'en haut, de là doit venir la régénération : c'est au propriétaire à la campagne, au patron dans l'usine et l'atelier, qu'incombe le devoir impérieux de diriger le mouvement social vers le bien ; selon leurs tendances et leur dévoûment, la nation sera vertueuse ou corrompue.

Aussi, M. Le Play essaie-t-il de réunir dans une même œuvre toutes les forces dont ces hommes peuvent disposer, les invitant à l'aider dans ses travaux et ses recherches, à répandre ses doctrines dans les divers milieux de la société. Ainsi est née l'*Union de la Paix sociale*. Français et étrangers ont répondu à cet appel. La France, la Belgique et l'Angleterre forment déjà plusieurs groupes. Il est nécessaire d'établir dans les provinces, dans les cantons, ces puissantes associations. On constituera de la sorte une classe diri-

---

1. *Réforme sociale*, t. 1, § 5, page 34.

geante, qui, par son expérience, ses bons exemples, donnera au pays un généreux élan.

Le but de *l'Union* est de barrer la route à la
Révolution. Persuadés que l'observation et le
raisonnement sont, dans ce siècle corrompu, les
meilleurs moyens de ramener les esprits égarés,
les membres qui en font partie se sont interdit
toute discussion politique et religieuse ; ces dé-
bats passionnants ne font que développer l'antagonisme parmi les citoyens, et entraver la marche
de la Réforme. Ils s'engagent uniquement à rechercher les bases de la loi morale et à les appliquer aux besoins actuels. S'ils s'éloignaient de
ces principes, l'action commune disparaîtrait
pour laisser place à de stériles disenssions.

M. Le Play croit à la nécessité de vivre en dehors
des partis politiques, pour agir sur les esprits :

« Eloigné par les habitudes de ma vie et par la
spécialité de mes travaux, de toute connexion
systématique avec les partis qui divisent si
malheureusement notre pays, je signale en toute
liberté les erreurs et les préjugés que je crois
trouver chez chacun d'eux, je n'hésite pas à
indiquer ce que j'aperçois de vrai dans les principes
qu'ils veulent faire prévaloir [1]. »

Mais, dira-t-on, nous touchons à l'abîme, le
mal ne peut être conjuré. Laissons répondre une
voix autorisée :

« Non, il n'est jamais trop tard pour travailler à
rétablir la concorde, jamais trop tard pour se
vouer à la recherche des vérités sociales oblitérées
par l'erreur et par les préjugés. Les révolutions
violentes sont la débauche de la raison humaine
qui s'est enivrée d'erreurs, débauche qui se
prolonge tant que l'ivresse persiste. Vienne un de
ces cataclysmes qui font cesser l'enivrement par
l'effroi : la raison populaire reprend son empire et
sa lucidité. Si vous êtes alors en mesure de pré-

1. *Réforme sociale*, t. 1, § 3, page 86.

senter à ces esprits désabusés un ensemble de notions saines, ils les accueillent comme un bien qu'ils ont longtemps cherché en vain ; ils y courent comme à la splendeur du salut social, car la vérité entre naturellement dans tout esprit que la passion n'aveugle pas ; elle y entre si naturellement, que quand on l'apprend pour la première fois, il semble qu'on ne fasse que s'en souvenir [1]. »

L'*Union* se compose d'un comité fonctionnant à Paris, et de groupes nationaux ou locaux vivant en toute indépendance, travaillant isolément, organisant des conférences, etc. Un certain nombre d'écrits publiés par ces divers groupes forment chaque année l'*Annuaire de l'Union*.

Cet annuaire et différentes autres publications font partie de la bibliothèque de l'Association. Ces travaux réunis permettent de puiser à des sources certaines les documents nécessaires pour se livrer à l'étude des sciences sociales

Réunir toutes les forces de la France et les utiliser à sa régénération, telle est l'entreprise patriotique de M. Le Play.

VII.

LA RÉFORME EN EUROPE ET LE SALUT EN FRANCE, — LE PROGRAMME DES UNIONS DE LA PAIX SOCIALE, avec introduction de M. H. A. Munro Butler Johnstone, membre de la Chambre des Communes d'Angleterre.

Le nouvel ouvrage de M. Le Play est destiné à produire dans le public sérieux et éclairé une profonde impression. Nous l'avons déjà dit, aucune nation n'est aussi fortement ébranlée que la France par les idées révolutionnaires ; nous n'avons pas subi seulement comme les autres peuples, quel-

---

1 M. de Curzon, *La presse périodique et la méthode* page 26.

ques déviations partielles, qu'une réforme intelligente suffirait à redresser. Malheureusement, notre corps social est en proie à une véritable décomposition ; il faut, à tout prix, régénérer notre pays ; c'est pour nous une question de vie ou de mort. Convaincu de cette triste vérité par sa grande expérience et son observation attentive, M. Le Play a intitulé son dernier ouvrage : « La Réforme en Europe et le salut en France. »

Un membre distingué du Parlement anglais, M. Butler Johnstone, dans une lettre écrite à M. Le Play et publiée en tête du volume, condamne le parlementarisme, dont il signale la désastreuse influence. « Toute société, dit-il, dans laquelle la séparation des pouvoirs n'est pas déterminée, n'a pas de Constitution. » Partant de ce principe inscrit dans l'article 16 de la déclaration des droits de l'homme, il explique que « le régime parlementaire est la confusion organisée des fonctions législatives, exécutives et judiciaires, dont la séparation, d'après le texte ci-dessus, est le principe essentiel de tout bon gouvernement. J'essaierai, ajoute-t-il, de démontrer *que tous les maux qui affligent aujourd'hui la France et l'Europe remontent à cette confusion* « *qui rompt toute espèce de frein, donne la toute-puissance à une majorité d'un jour, substitue la force à la loi, encourage les factions et aboutit en dernier lieu au despotisme.* En effet, le gouvernement, c'est-à-dire le pouvoir exécutif, au lieu d'être un corps indépendant de la législature, nommé par le souverain et contrôlé par l'assemblée élective (ce qui est l'essence du gouvernement monarchique), n'est rien qu'un comité, issu du sein même de la législature, soutenu par le parti qui domine, s'inspirant alors de ses passions et de ses intérêts, obligé, par conséquent, de les flatter et de les servir ».

M. Butler Johnstone montre le régime parlementaire importé dans plusieurs contrées par l'Angleterre, et, « comme la tunique de Nessus, *rongeant tous les peuples qui ont accepté le fatal cadeau* ».

« L'Europe voyant l'Angleterre florissante, et apprenant, d'ailleurs, par Montesquieu et les écrivains du dernier siècle, qu'elle devait sa prospérité à sa constitution, voulut suivre un exemple aussi parfait. Comme cela arrive si souvent pour les imitations, elle copia les vices plutôt que les vertus de la Constitution anglaise, et ne comprit pas l'esprit historique du modèle qu'elle adoptait. »

Primitivement en Angleterre, le roi entouré de son conseil, qui était responsable devant la loi, gouvernait et régnait sous la sanction de la légalité; ses ministres étaient ses serviteurs et non pas ses maîtres. Des modifications furent introduites sous la reine Anne (1705), et amenèrent, avec la maison de Hanovre, l'établissement du régime actuel.

Après avoir critiqué les altérations modernes, l'éminent Anglais indique les qualités qui font encore aujourd'hui la force du gouvernement de son pays; tel, le respect de la loi, complétement perdu en France. « Comment pourrait-il en être autrement quand la fausse conception de la loi l'assimile à la décision d'une majorité accidentelle dans une assemblée politique indépendamment de tout contrôle supérieur et quand la justice se confond avec la magistrature? »

Pour prospérer, l'Etat doit appuyer ses lois sur la loi suprême de Dieu, et sur ces lois, peu nombreuses, tout doit reposer comme sur l'axe même de la société : la responsabilité des ministres, aussi bien que les droits des individus. « Tel est le sens d'un régime de légalité, opposé au régime de l'arbitraire qui, sous le nom de régime parlementaire, gouvernement de cabinet, régime constitutionnel, République ou autre, *afflige les nations depuis un siècle et menace les bases mêmes de la société européenne.* »

M. Johnstone condamne la maxime de Hobbes et de Blakstone « que le pouvoir législatif du Parlement est sans limite », et se range de l'avis de Saint-Germain, le dernier grand légiste catholique de l'Angleterre, pour déclarer « que tout statut contraire à la loi de Dieu ou à la loi de la nature est nul *ipso facto* ».

Il termine sa lettre par un résumé succinct des principales modifications que nécessite l'état actuel de la France et de l'Europe.

M. Le Play consacre la première partie de son ouvrage à montrer le mal social actuel, ayant son point de départ dans la Révolution, qui elle-même a été engendrée par la proclamation du faux principe de la perfection native de l'homme. La Révolution est due, sans doute, à plus d'une cause ; mais il est certain que cette erreur radicale du contrat social est justement signalée comme la source d'où dérivent les plus pernicieux systèmes en vogue de nos jours. L'union de la paix, établie pour les combattre, persuadée que l'observation de la loi de Dieu est le remède à tous ces maux, « offre comme drapeau le Décalogue autour duquel toutes les races ont prospéré ».

La méthode à suivre pour la réforme et le salut ne consiste pas dans la rédaction plus ou moins savante d'une constitution écrite, créée de toutes pièces, nommée Charte. Mais, suivant le mot de Burke « les constitutions ne naissent pas ; elles croissent » : elle s'appuiera sur notre dix-neuvième constitution, la modifiant judicieusement jusqu'à ce qu'on ait trouvé enfin les solutions cherchées depuis 1789.

Nous ne pouvons admettre ici l'opinion du savant écrivain ; il ne nous paraît pas qu'on puisse combattre victorieusement la Révolution en s'appuyant sur une constitution révolutionnaire telle que la nôtre. Le seul moyen de conjurer le mal est, à mes yeux, non pas de chercher des solutions, mais de vouloir et d'accepter franchement celles qui sont légitimes et connues.

Les gouvernants, dans la grande enquête réclamée par M. Le Play pour étudier les conditions nécessaires à la régénération de la France, écarteront avec soin la méthode d'invention, comme aboutissant à des désordres sans fin, et suivront celle que pratique l'Union de la paix sociale, « qui conclut à la restauration des bonnes mœurs du passé, et à l'imitation des saines pratiques du présent ».

Une grande prudence est nécessaire dans cette œuvre. « On s'expose à un échec presque certain quand on prétend introduire brusquement les améliorations nécessaires, sans tenir compte des obstacles inhérents à la situation actuelle de notre infortunée patrie. ... Le procédé le plus sûr, pour acclimater une réforme, c'est de l'expérimenter localement, si la nature le permet, et non sur tout le pays à la fois... Si un essai ne réussit pas dans une localité déterminée, on reviendra au point de départ sans avoir troublé l'équilibre général du pays. S'il réussit au contraire, les résultats obtenus seront enviés par d'autres localités: ils se propageront de proche en proche, et bien tôt les gouvernants pourront, à coup sûr, en faire la loi générale. Sous ce régime, les réformes ne seront pas immédiates, et elles ne sortiront pas d'un coup brutal de majorité. »

M. Le Play entreprend cette enquête et nous introduit dans les grandes subdivisions de l'existence des sociétés. Dans le domaine de la vie privée, il est nécessaire de rétablir le respect de Dieu, qui ramènera le double respect du père et de la mère. Mais la loi aide les mœurs. Il faudra donc laisser au père de famille la libre disposition de son bien. Les autorités naturelles, protégées par la loi divine, restaureront, par leurs talents et leurs vertus, la paix dans les foyers, les ateliers, les voisinages, « et le vote des populations reconnaissantes ne tardera pas, en ce qui touche le droit de suffrage, à devancer la réforme indiquée par la tradition des vrais modèles ».

Les principes de paix dans la vie publique s'appuient sur deux autorités: 1° l'autorité spirituelle « qui parle au nom de Dieu, agit exclusivement sur les âmes, et préside, par l'exemple et la persuasion, à l'ensemble des rapports sociaux :

Dieu et sa loi sont l'origine du bonheur, la source de la paix, et par conséquent le premier principe de la souveraineté » ; 2º l'autorité temporelle personnifiée par le souverain chargé de diriger la vie publique. La France, placée à côté de voisins belliqueux, réclame par sa position « une monarchie transmise par voie d'hérédité, selon l'ordre de primogéniture », institution qui assure les succès par la continuité de pensée et d'action : telle est une des raisons pour lesquelles la monarchie lui est si nécessaire.

Ces principes de paix s'appuient encore sur *la loi*. Au lieu d'être basée sur le droit des gens, « le Décalogue éternel et la soumission aux vérités fondamentales du Christianisme », la loi a été profondément altérée dans son esprit en France, par les légistes, par suite de la faiblesse de nos rois et enfin par la Révolution.

« Les institutions qu'éditent journellement, sous le nom de *loi écrite*, les pouvoirs législatifs, ne sont, en quelque sorte, que des *règlements sociaux*... Ceux de ces règlements qui sont contraires à la loi suprême doivent être considérés, sous un vrai régime légal, comme *nuls* et non *avenus*... Nos législateurs comprennent-ils que leurs inspirations changeantes doivent toujours s'arrêter devant la législation immuable qui *domine tous les peuples, tous les temps* » et contre laquelle, dit Bossuet, tout ce qui se fait est nul de soi ?

Les paragraphes 6 et 7 du chapitre IV, traitant de la justice et de la force armée, exigent une lecture attentive. Dans l'un, M. Le Play demande de réformer notre justice en prenant modèle sur les vieilles traditions de la France et la pratique actuelle de l'Angleterre ; dans l'autre, de réorganiser notre armée, en imitant les Anglais et les Américains pour notre marine, et pour notre armée de terre, la Prusse, que sa prépondérance actuelle nous donne comme exemple.

Dans tout État bien ordonné, l'accord est essentiel entre le souverain spirituel l'Eglise et l'autorité temporelle, les gouvernants. « De nos jours, les peuples qui jouissent de la paix sociale respectent ou violent plus ou moins l'indépendance qui est également nécessaire au clergé, dans le monde spirituel, et aux gouvernants, dans le monde temporel ; mais tous s'accordent à maintenir l'alliance de l'Eglise et de l'Etat. »

M. Le Play étudie au chapitre V le mécanisme de paix dans le gouvernement, qui se divisera en deux parties : le gouvernement local et le gouvernement central.

Le premier comprend : 1° la commune; il veut qu'une distinction soit établie entre la paroisse rurale, les grandes cités, les communes mixtes; 2° la province possédant une capitale, une assemblée, un budget, et formant une circonscription militaire. Toutes deux seraient administrées par une classe supérieure, influente par ses talents, dévouée gratuitement à la chose publique.

En tête du gouvernement central, figure le souverain. Appuyé sur la justice et la force armée, entouré de son conseil privé, dont il n'est pas tenu de suivre l'avis, il gouverne, en réalité, avec l'aide de ses ministres qui, nommés librement par lui, sans pression d'aucune sorte, dirigent les principaux rouages de l'administration publique, et sont de fait, comme de nom, *ses serviteurs;* le contraire du régime parlementaire où l'autorité leur est dévolue. Viennent ensuite le *conseil d'Etat*, choisi pour la préparation des règlements publics; le *Parlement*, composé de deux Chambres, l'une de députés, l'autre de hautes notabilités, lequel, indépendant du souverain, contrôle selon la légalité les actes gouvernementaux, vote les *lois écrites* et le budget de l'Etat, d'après la prescription de la loi divine et présente au pouvoir les vœux du pays. Enfin, la *Cour suprême*, dont les membres, nommés à vie, font partie *ex officio* du conseil privé; elle a pour mission d'opposer son *veto* aux actes et aux règlements sociaux contraires à la loi de Dieu, au droit des gens, et de décider les conflits internationaux.

Ces diverses combinaisons conservent l'équilibre dans le gouvernement, surtout aux époques de souffrance et de discorde.

« On peut maintenant, dit M. Le Play, sans donner prise à un malentendu, résumer, avec la phraséologie moderne, la conclusion que beaucoup de lecteurs chercheront dans ce programme. Les constitutions modèles du passé comme celles du présent, offrent simultanément *quatre caractères* : elles sont *théocratiques* dans le monde des âmes, *démocratiques* dans la commune, *aristocratiques* dans la province, *monarchiques* enfin dans la famille et l'Etat. »

D'après cette analyse, on a remarqué que la partie capitale de l'ouvrage est la condamnation absolue du *parlementarisme*. Nous avons vu M. Butler Johnstone attaquer particulièrement ce régime au point de vue politique, et en montrer les funestes résultats. Quant à M. Le Play, il s'est chargé de répondre lui-même non-seulement à ceux qui veulent introduire le régime parlementaire dans l'*Etat*, mais encore à ceux qui voudraient le voir dans l'*Eglise* et prêchent pour *la séparation de l'Eglise et de l'Etat*.

Ces raisonnements, basés sur l'observation attentive des peuples, sont d'un grand poids, car ils nous sont présentés par deux hommes, dont l'un est un savant anglais qui pense que les intérêts de son pays sont intimement liés à ceux de la France ; l'autre, un profond penseur, qui cherche la vérité sans parti pris.

A tous ses titres nombreux à notre reconnaissance, M. Le Play en a donc ajouté un nouveau. Puisse son ouvrage, lu et médité, détruire chez beaucoup les idées fausses si fatales à notre patrie ! Puisse surtout n'être pas éloigné le jour où ses principes politiques et sociaux seront mis en pratique ! Sous leur empire, la France reprendra sa

place parmi les nations et recommencera le cours
glorieux de ses destinées.

VIII.

CONCLUSION.

Maintenant que l'œuvre de M. Le Play est connue, ne devons-nous pas l'aider dans ce grand
travail de régénération? Nous catholiques, qui
travaillons à moraliser les peuples, appuyés sur
la loi sainte émanée directement de Dieu par
l'entremise de Moïse, mais achevée et consommée
par Notre-Seigneur Jésus-Christ, nous qui considé-
rons l'Eglise, gardienne et interprète de cette loi
divine, comme la règle vivante pour maintenir les
grands principes de justice et pourvoir à tous les
besoins sociaux, si nous envisageons d'après la
religion la Réforme de M. Le Play, ne la trouverons-
nous pas insuffisante, puisque cette Réforme n'est
basée que sur le Décalogue, loi primitive incomplé-
te? Il ne peut en être autrement. Mais ce qui nous
importe ici, c'est de savoir si cette méthode n'est
pas appelée à rendre à notre cause de précieux ser-
vices dans la lutte contre une société corrompue.

Des hommes éminents par leur science et leur
doctrine répondront pour nous, et nous ensei-
gneront quelle place il convient d'assigner dans nos
propres travaux à l'œuvre de M. Le Play et comment il y a lieu d'en profiter.

« Rappelons-nous, dit le P. Ramière, le but en
vue duquel *l'Union de la paix sociale* a été créée :
que s'est proposé son fondateur? d'unir ensemble
les hommes que trois siècles de dissensions religieuses et politiques ont éloignés les uns des autres,
mais qui s'accordent tous en un seul point, le
désir d'arrêter la société sur le penchant de sa ruine.
Pour amener ces hommes à mettre en commun
leurs efforts, il n'y avait qu'un moyen : les convo-

quer sur un terrain également abordable à tous les esprits sincères : le terrain des faits et de l'expérience. Si, au lieu de cela, on eût arboré l'étendard de la pure orthodoxie, on n'aurait pas évidemment atteint le but. On aurait pu atteindre un but meilleur, celui-là même que poursuit l'Œuvre des cercles catholiques, mais on aurait dû renoncer au but spécial de l'Union de la paix sociale. Or, la question n'est pas de savoir laquelle de ces deux Œuvres est plus utile, mais de savoir si, en dehors des associations formées par des hommes déjà en possession de la pleine vérité, il n'est pas utile d'en former une qui amène à la vérité par l'étude des faits, les hommes que la foi n'a pas éclairés de sa lumière.

« Si l'on admet l'utilité incontestable d'une pareille œuvre, on ne saurait trouver mauvais qu'elle adopte la seule marche propre à la conduire à son but ; et, en profitant de son concours pour établir les vérités partielles qu'elle déduit de l'observation, le catholique ne craindra point de léser l'intégrité de sa foi. — Pour savoir jusqu'à quel point nous pouvons et nous devons favoriser cette œuvre, c'est en elle-même qu'il faut la considérer. Il faut envisager ses caractères essentiels, son principe, sa méthode, son critère, ses grands résultats. Or, en l'examinant sous ses divers aspects, nous n'aurons pas de peine à nous convaincre, que, loin d'*infirmer* la vérité exclusive de la religion catholique, elle nous fournit, au contraire, des armes puissantes pour la défendre, et des arguments péremptoires pour la faire accepter par tous les promoteurs sincères de la Réforme sociale [1]. »

Revenant sur le même sujet, le R. P. Ramière nous dit encore, dans une brochure sur l'*Ecole de*

---

1. Etudes religieuses des Jésuites, février 1876, *Les conditions de la régénération sociale* par le R. P. Ramière, page 177.

la réforme sociale : « Plus accessible d'ailleurs à la masse des intelligences, la méthode de M. Le Play, toute pratique, contribuera bien mieux que les réfutations doctrinales à détruire la fascination des erreurs révolutionnaires. Lorsque, pour combattre ces erreurs, nous nous avançons, armés des dogmes de la foi et des principes éternels de la raison, on se défie de nous et l'on s'éloigne. Il suffit que nous annoncions la résolution de défendre la vérité, pour que trop souvent les oreilles se ferment à nos discours. Mais comment se défier d'hommes dont l'unique parti pris est de rechercher, par l'observation des faits, les conditions du bien-être social ? Ces hommes sont donc pour nous de très-utiles *auxiliaires* qui fraieront la voie à la vérité doctrinale dans bien des intelligences dont l'accès nous est interdit par d'insurmontables préjugés [1]. »

Enfin, pour lever les graves objections qui empêchent certains catholiques de donner leur concours à une œuvre appuyée uniquement sur la loi du Sinaï, laissons le R. P. Ramière indiquer comment les Docteurs de l'Eglise en usaient envers des philosophes de l'antiquité :

« L'attitude que nous conseillons aux catholiques à l'égard des études d'économie sociale, dirigées par les lumières de la droite raison, est toute semblable à celle qu'ont adoptée, à l'égard de la philosophie rationnelle, en général, les plus illustres docteurs de l'Eglise. Ce n'est pas en ennemis assurément, mais en auxiliaires, et pour ainsi dire en précurseurs, que Platon et Aristote ont été traités par saint Augustin et par saint Thomas.

« Ces grands docteurs ne dissimulaient pas, sans doute, ce qu'il y avait d'incomplet dans les enseignements des philosophes, ils n'en méconnais

---

1. *Ecole de la Réforme sociale*, première partie, page 17. R. P. Ramière.

saient pas l'essentielle inefficacité ; à l'occasion, ils ne se faisaient pas faute de proclamer bien haut que la prédication évangélique avait seule pu faire pénétrer dans les intelligences les vérités purement rationnelles que le génie de Platon et d'Aristote avait entrevues, sans pouvoir les faire rayonner au-delà d'un très-petit cercle de disciples ; mais cette insuffisance de la raison n'empêchait pas nos docteurs de mettre à profit son témoignage. Ils ne croyaient pas pouvoir mieux glorifier le Verbe incarné, principe commun de la lumière naturelle et de la lumière surnaturelle, qu'en faisant ressortir le parfait accord de la vraie foi et de la vraie philosophie ; et, réservant pour les croyants les preuves tirées de la révélation, ils étaient heureux d'avoir pour auxiliaires, dans leurs luttes contre les infidèles, des sages éclairés par les seules lumières de la raison.

« Pourquoi suivrions-nous une autre ligne de conduite à l'égard d'une école dont la doctrine n'est certainement pas moins conforme à notre croyance que celle d'Aristote et de Platon, et, qui, comptant parmi ses membres de très-fervents catholiques, n'y compte pas un seul adversaire systématique de notre foi ?

« *En nous unissant à cette école, et en acceptant son concours pour la défense des dogmes fondamentaux professés par tous les chrétiens sérieux, nous ne renonçons, en aucune manière, à soutenir les prérogatives de l'Eglise catholique, et à prouver que la restauration de sa divine autorité est la condition essentielle de la vraie réforme sociale.* »

Ces expressions sont celles d'une note présentée au Congrès de Poitiers et insérée intégralement dans une des publications officielles de l'Union de la Paix sociale. Le comité directeur de cette œuvre a prouvé, en adoptant cette note, qu'il accepte les conditions dans lesquelles les catholiques peuvent lui offrir leur concours, et qu'il n'attend d'eux aucune négation, aucune dissimulation, aucune atténuation des droits suprêmes de Jésus-Christ et de son Eglise.

Ce n'est donc pas sans motif que le vœu suivant a été approuvé par le congrès de Poitiers :

« *En présence du mouvement révolutionnaire qui tend à détruire toutes les traditions, et à séparer l'ordre social de la religion, les catholiques doivent accepter avec reconnaissance le concours des hommes qui, appuyés sur l'étude consciencieuse des faits, démontrent l'union essentielle de ces deux ordres et la nécessité de revenir aux traditions du passé. Sans renoncer en aucune manière à défendre la vérité exclusive de la religion catholique, les écrivains dévoués à l'Eglise la serviront utilement en s'unissant aux recherches expérimentales qui tendent à démontrer sa bienfaisante influence sur le bien-être social* [1]. »

Mgr Isoard, dans une publication ayant trait à l'*Union de la paix sociale*, s'exprime ainsi :

« L'œuvre vous paraît incomplète? Eh bien! complétez-la. Il y a des appréciations qui étonnent? Redressons-les. L'Evangile est sur un plan trop éloigné. Mettons-le où il doit être, où il doit éclairer, régner. Mais sachons profiter de tant de labeurs; mais partons du point où la réforme nous a conduits; mais faisons nôtre une science si sûre d'elle-même et un instrument si merveilleux! Pendant ces vingt dernières années, vous disiez : Où veut nous mener la Réforme? Quelles seront les dernières conclusions de la doctrine des autorités sociales? Vous vous teniez à l'écart, réservés, silencieux. Vous aviez raison; car la prudence vis-à-vis des opinions humaines est un de vos premiers devoirs. Aujourd'hui tout a été dit; la pensée est exprimée dans tous ses termes. La Réforme veut mener la France contre la Révolution, contre les rêves de l'utopie, contre le mensonge;

______

1. Études religieuses, fév. 1876. *Conditions de la régénération sociale*, page 185 (R. P. Ramière.)

elle veut mener la France à l'application générale, universelle de la loi de Dieu : elle est donc nôtre [1]. »

Conservant nos convictions, marchons désormais tous de concert à la Réforme de notre pays. Que tous les hommes de cœur comprennent les grands intérêts engagés dans cette lutte où se débattent les destinées de l'Europe entière L'édifice social se bâtira au milieu des orages ; mais, de grâce, pas de temps perdu en puériles discussions ; une seule chose est nécessaire : combattre l'ennemi commun personnifié dans l'esprit révolutionnaire et impie du siècle. M. Le Play nous y convie. Lisons attentivement ses ouvrages, ne le jugeons pas avant de l'avoir étudié, et même si quelques-unes de ses opinions choquent nos idées, froissent nos convictions, comme lui, laissant de côté nos préjugés et examinant sérieusement la proposition qu'il avance, coucluons sans parti pris.

Quel que soit le résultat de son grand travail, il a été entrepris, nous pouvons en être assurés, par un homme qui aime profondément la vérité, par un homme qui aime sincèrement la France et désire sa prospérité.

---

1. Lettre de Mgr Isoard, auditeur de Rote pour la France. Publication de l'Union de la paix sociale, n° III. *Le retour au vrai et le rôle du clergé.*